OLYMPUS GUARDIAN 66

신화, 꽃을 피우다

글 이효진 그림 이희은

주니어RHK

차례

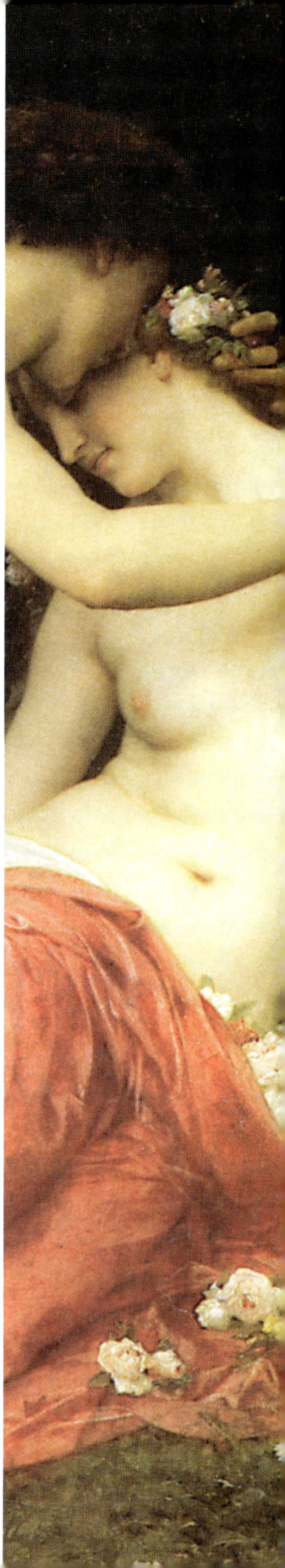

신화와 꽃

우리는 아름다움을 말할 때 꽃에 비유하고,
사랑하는 마음을 꽃으로 전하기도 해요.
사랑의 아름다움을 견줄 것으로 꽃만 한 것이 없는 까닭이겠지요.
그래서인지 신화에서도 꽃에 관한 이야기는 대부분 사랑과 관련되어 있어요.
우리 주위에서 볼 수 있는 꽃들은 과연 어떤 이야기를 지니고 있을까요?

길에서 흔히 볼 수 있는 제비꽃은 신들의 왕 제우스가 사랑하는 여인에게
선물한 꽃이랍니다. 여신을 사랑한 님프의 마음은 달맞이꽃이 되어 피어났고요.
장미는 아프로디테의 아름다움을 칭송하기 위해 태어났지요.
손톱을 예쁘게 물들이는 봉선화를 본 적이 있지요?
봉선화에는 님프의 억울하고 슬픈 이야기가 담겨 있어요.
신비롭고 아름다운 신화 속에 어떤 꽃 이야기가 담겨 있는지 알아보아요.

1

신의 마음을 담아 피워 낸 꽃

올림포스 신들은 쉽게 사랑에 빠지고 정에 약한 모습을 보여 주어요.
마치 인간처럼 말이에요. 이러한 신들의 애정 어린 마음씨는
꽃과 나무를 만들어 냈지요. 신들의 마음이 담긴 꽃과 나무에는
어떤 것들이 있는지 함께 살펴보아요.

제우스, 사랑하는 여인의 슬픔을 위로하며 제비꽃

이오는 강의 신 이나코스의 딸로, 성품이 아주 아름답고 고와 아버지와 주위 사람들의 사랑을 한 몸에 받으며 자랐어요. 예쁜 여자라면 좋아서 어쩔 줄 몰라 하는 제우스가 그런 이오를 보고 한눈에 반해, 어떻게 하면 그녀를 차지할 수 있을지 고민했지요. 제우스는 들판에 나와 있던 이오를 보고는 검은 구름으로 변해 다가갔어요. 제우스는 나중에야 자신의 존재를 알리며 이오에게 사랑을 고백했어요. 제우스가 이오와 즐거운 시간을 보내고 있을 즈음, 제우스를 수상하게 여긴 헤라는 제우스를 찾아 나섰어요. 제우스도 헤라가 오는 것을 눈치채고는 들키지 않으려고 이오를 하얀 암소로 변하게 했지요.

하얀 암소가 수상하다고 느낀 헤라는 그 소를 자신에게 달라고 했어요. 달리 변명할 길이 없던 제우스는 헤라에게 이오를 넘겼고, 이오는 소로 변한 것도 모자라 헤라의 감시를 받는 신세가 되고 말았답니다. 이오는 아무런 말도 못하고 큰 눈에 눈물을 그렁그렁 담은 채 울었어요. 제우스도 그런 이오가 너무나 불쌍했지요. 더구나 자신 때문에 그렇게 되었으니 죄책감도 들었고요. 그래서 제우스는 이오를 위해 무언가 만들어 주기로 마음먹었어요. 제우스는 이오에게 이오의 눈동자를 닮은 아름다운 꽃을 선물했어요. 소가 된 이오가 먹을 수 있도록 어디서든 잘 자라는 부드러운 풀꽃으로 말이에요. 이 꽃이 바로 보랏빛 제비꽃이랍니다.

짙은 보랏빛 꽃을 피우는 제비꽃은 제비꽃과에 속하며 반지꽃, 앉은뱅이꽃이라고도 불러요. 10센티미터 정도로 키가 작기 때문에 앉은뱅이꽃이라는 별명이 붙었지요. 4~5월이면 들에서 흔히 볼 수 있어요. 같은 제비꽃과의 향제비꽃은 그리스를 상징하는 꽃이지요.

헤라, 그대의 책임감을 칭송하며 캄파눌라

밤의 딸들 또는 저녁의 아가씨라고 하는 헤스페리데스의 딸인 캄파눌라는 매우 영리하고 책임감이 강했어요. 그래서 헤라와 제우스가 결혼할 때 대지의 신 가이아로부터 선물 받은 황금 사과나무를 지키게 되었어요. 캄파눌라가 하는 일은 황금 사과나무 앞에 있다가 누군가 황금 사과를 가져가려 하면 종을 울려 하늘의 용, 라돈을 불러내는 것이었어요. 신들은 라돈이 지키고 있는 헤라의 황금 사과를 감히 누가 넘보겠느냐며 캄파눌라가 하는 일을 우습게 생각했어요. 하지만 그녀는 아랑곳하지 않고 날마다 열심히 사과나무 곁을 지켰답니다.

그러던 어느 날, 정말로 황금 사과를 훔치러 도둑들이 나타났어요.
캄파눌라는 라돈에게 이 사실을 알리려고 있는 힘껏 종을 울렸어요. 종소리를 들은 라돈이 하늘에서 내려오는 것을 본 도둑들은 깜짝 놀라 캄파눌라를 몽둥이로 때리고 도망쳤어요.
도둑들은 라돈에게 붙잡혔지만 캄파눌라는 도둑들이 휘두른 몽둥이에 맞아 목숨을 잃게 되었어요.
헤라는 죽음을 무릅쓰고 자신의 임무를 다한 캄파눌라의 책임감을 기리기 위해 그녀를 아름다운 꽃으로 다시 태어나게 해 주었어요.
그 꽃은 캄파눌라가 울리던 종을 닮았고,
꽃의 이름은 그녀의 이름을 따 캄파눌라가 되었답니다.

초롱꽃과에 속하는 캄파눌라는
북반구 온대 지방에 퍼져 살아요.
여러해살이풀이며 200여 종이 넘는답니다.
5~8월 사이에 들판이나 길가에서 피는데,
30~60센티미터 정도 자라요. 캄파눌라는
같은 초롱꽃과인 도라지의 꽃과 많이 닮았어요.

제우스, 인간의 따뜻한 정에 감동하다 참나무, 피나무

바우키스와 필레몬은 프리기아에 살고 있는 가난한 부부였어요.
그 당시 프리기아 사람들은 대부분 재산이 많은 부자였지요. 하지만 모두 어떻게 하면 돈을 더 많이 모을지만 궁리했지, 가난한 이웃이나 낯선 손님들에게는 관심이 없었어요. 어느 날, 제우스와 헤르메스가 허름한 차림으로 프리기아에 나타나 묵을 집을 찾으려고 여기저기 돌아다녔어요. 프리기아 사람들은 그들의 차림새만 보고 문 앞에서 쫓아냈지요. 제우스와 헤르메스는 매우 화가 났지만, 마지막으로 그 마을에서 가장 가난한 바우키스와 필레몬이 살고 있는 집 문을 두드렸어요. 마음씨 고운 바우키스와 필레몬은 자신들의 집을 찾아온 손님을 정성껏 대접했답니다. 두 신은 비록 가진 것은 없지만 남을 위해 모든 것을 내어주는 두 사람의 친절함에 감동했어요.

제우스는 욕심 많고 불친절한 프리기아 사람들에게 큰 홍수를 일으켰지만, 바우키스와 필레몬은 살려 주었어요. 그리고 홍수가 그친 뒤에는 훌륭한 신전에서 남은 생을 보낼 수 있게 해 주었지요. 두 사람이 소원한 대로 한날한시에 함께 세상을 떠나자, 제우스는 그들을 나무로 만들어 아름다운 마음씨를 기렸어요. 바우키스는 참나무, 필레몬은 피나무가 되어 죽어서도 영원히 함께했답니다.

참나뭇과에 속하는 참나무는 20~30미터쯤 자라요. 나뭇잎이 넓으며, 가을이면 도토리라는 단단한 열매를 맺어 흔히 도토리나무라고 해요. 참나무는 종류에 따라 조금씩 다른 도토리를 맺어요. 주로 산속에서 자라고 나무질이 단단해서 건축물이나 가구 등을 만들 때 재료로 많이 써요.

달피라고도 하는 피나무는 피나뭇과에 속해요. 키는 20~25미터까지 자라고, 6~7월에 흰색이나 엷은 노란색의 꽃을 피워요. 밧줄 만드는 데 사용할 만큼 나무껍질이 질기기 때문에 껍질을 뜻하는 '피' 자를 써서 피나무라고 부른답니다.

아폴론, 소년의 죽음을 애도하다 히아신스

히아킨토스라는 아름다운 소년이 살고 있었어요. 아미클라스와 디오메데 사이에서 태어난 히아킨토스는 머릿결에서 빛이 났고, 얼굴은 환했지요. 그래서 사람들에게 사랑을 받았어요. 히아킨토스의 아름답고 건강한 모습에 아폴론도 그를 아끼고 가까이했어요.

아폴론과 히아킨토스는 많은 시간을 함께 보내며, 특히 운동을 즐겼지요.

어느 날, 그들은 평소처럼 원반을 주거니 받거니 하며 즐거운 시간을 보내고 있었어요.

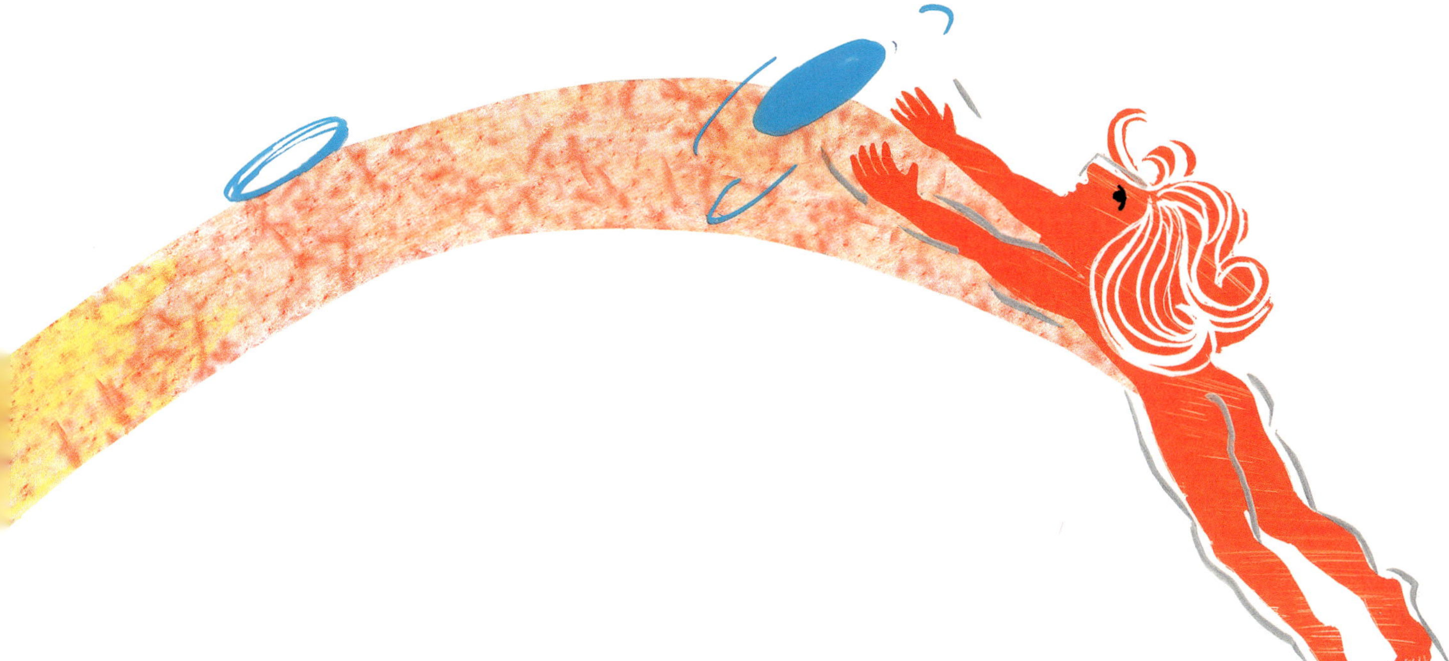

그런데 갑자기 바람의 신 제피로스가 그 둘 사이에 끼어들었어요.
평소 둘 사이를 샘내고 미워하던 제피로스가 못된 마음을 먹은 것이에요.
아폴론이 히아킨토스에게 원반을 던지자, 거센 바람이 원반의 방향을 바꾸어서 히아킨토스의 이마를 맞혔어요. 원반에 맞은 히아킨토스는 그 자리에서 피를 흘리며 쓰러졌어요.
아폴론은 깜짝 놀라 히아킨토스에게 달려갔으나, 그는 이미 숨진 뒤였어요.
자신이 아끼던 소년이 어이없게 숨을 거두자, 아폴론은 크게 슬퍼했어요. 그는 사랑하는 히아킨토스의 아름다움을 오래도록 기리려고 그를 한 송이의 꽃으로 만들어 주었어요.
그 꽃의 이름이 히아신스랍니다.

백합과에 속하는 히아신스는 지중해 지역과 아프리카 열대 지역이 원산지예요. 대부분 아래쪽에 톱니가 없는 좁은 잎이 달리며, 꽃은 대개 푸른색이지만 분홍색, 흰색 또는 다른 색을 띠는 것도 있어요. 20~30센티미터 정도 자라요. 꽃은 잎이 없는 줄기 끝에 무리 지어 피며 각각의 꽃자루 아래에 작은 주머니가 달려 있어요.

제우스, 아들의 영원한 생명을 위하여 백합

제우스는 인간 알크메네와 사랑에 빠져 헤라클레스를 낳았어요.
하지만 인간이 낳은 헤라클레스는 신처럼 영원히 살 수가 없었어요.
헤라클레스가 영원한 생명을 얻으려면 여신 헤라의 젖을 먹어야만 했지요.
하지만 헤라가 알크메네의 아들인 헤라클레스에게 젖을 줄 턱이 없었어요.
그래서 제우스는 잠의 신 힙노스를 찾아가서 잠드는 약을 지어 와
그 약을 헤라에게 먹여 깊이 잠들게 했어요.

헤라가 잠든 사이에 제우스는 헤라클레스를 데리고 와서 몰래 젖을 물렸어요.
제우스의 아들인 헤라클레스는 기운이 어찌나 센지, 아주아주 세게 젖을 빨았어요.
깜짝 놀라 잠에서 깬 헤라는 서둘러 헤라클레스를 떼어 냈고, 그가 입을 떼자 헤라의
가슴에서는 하얀 젖 방울이 떨어졌어요. 하늘에 떨어진 젖 방울들은 별이 되어
은하수가 되었고 땅에 떨어진 젖 방울은 꽃으로 피어나 새하얀 백합이 되었답니다.
그래서 은하수를 뜻하는 영어 이름이 '젖이 흐르는 길'인 '밀키 웨이(milky way)'예요.

백합과에 속하는 여러해살이풀이에요.
키가 1미터까지 자라고 보통 5~6월에 꽃을 피워요.
줄기 끝에 2~3송이씩 옆 또는 아래쪽을 향해
벌어지며 펴요. 대부분 향기가 아주 짙지만,
품종에 따라 향기가 없는 것도 있어요.

QUIZ 퀴즈 퀴즈!

1 제우스가 헤라의 눈을 속이려고 흰 소로 만든 여인의 이름은 무엇인가요?

2 황금 사과를 훔치러 도둑이 나타나자 캄파눌라는 어떻게 했나요?

3 프리기아 사람들이 제우스와 헤르메스를 문 앞에서 내쫓고
대접을 하지 않은 까닭은 무엇인가요?

4 제우스와 헤르메스는 욕심 많은 프리기아 사람들을 어떻게 벌주었나요?

5 아폴론은 사랑하는 소년 히아킨토스가 죽자, 그를 한 송이 꽃으로
만들어 주었어요. 그 꽃은 무엇인가요?

6 제우스는 왜 헤라클레스에게 헤라의 젖을 물렸을까요?

정답 **1** 이오 **2** 종을 울려서 하늘의 용, 라돈을 불러냈다.
3 제우스와 헤르메스가 신분을 속이고 허름한 차림으로 찾아갔기 때문에
4 큰 홍수를 일으켜서 **5** 히아신스
6 인간이 낳은 아들에게 영원한 생명을 주기 위해서

2

사랑의 아픔이 남기고 간 꽃

사랑은 세상 그 무엇보다도 아름답지만,
사랑이 주는 고통 또한 이루 말할 수 없지요.
신화 속에서 이룰 수 없는 사랑 때문에 아파한 이들과,
그 눈물로 꽃이 된 이야기를 알아보아요.

헬리오스, 눈부신 태양을 바라다 향나무, 헬리오트로프

태양의 신 헬리오스는 클리티아를 사랑했어요. 클리티아도 마찬가지였지요. 하지만 헬리오스는 그녀의 동생 레우코토에에게 마음을 빼앗기게 되었어요. 레우코토에는 쉽사리 마음을 열지 않았지요. 그래서 헬리오스는 어떻게 하면 레우코토에의 마음을 얻을 수 있을까 고민하다가 그녀 아버지의 모습으로 변해서 사랑을 얻었어요. 그 후 두 사람은 서로 사랑하게 되었답니다. 결국 클리티아는 혼자서 헬리오스를 그리워하는 신세가 되고 말았어요. 클리티아는 두 사람을 갈라놓기 위해 헬리오스가 아버지의 모습으로 변신했던 이야기를 아버지에게 일러바쳤어요. 클리티아의 말을 듣고 화가 난 아버지는 레우코토에를 어두운 구덩이에 가둬 죽게 했지요. 뒤늦게 소식을 들은 헬리오스는 그녀를 살리려고 노력했지만 소용없는 일이었어요. 슬픔에 빠져 있던 헬리오스는 레우코토에를 향기로운 향나무로 만들어 주었어요.

향나무는 측백나뭇과에 속해요.
늘 푸른 바늘잎나무로 키는 15~25미터에 이르고
향이 나요. 한국, 몽골, 중국, 일본 등
동북아시아와 러시아의 남동부가 원산지예요.
항상 잎이 푸르고 향이 좋아
정원이나 공원에 주로 심어요.

질투 때문에 여동생을 죽음으로 몰고 간 클리티아는 어떻게 되었을까요?
레우코토에가 죽으면 자신에게 돌아올 줄 알았던 헬리오스가 자신을 더욱 미워하자, 클리티아는 슬퍼하며 넓은 들판으로 나갔어요. 음식도 전혀 먹지 않고 몇 날 며칠 태양만 바라보며 헬리오스가 자신을 다시 바라봐 주길 바랐지요. 하지만 헬리오스는 끝내 돌아오지 않았어요. 클리티아는 그 자리에서 뿌리를 내리고 '태양을 바라본다.'는 뜻을 가진 헬리오트로프가 되었답니다.

헬리오트로프의 꽃은 5~9월에 피어요.
꽃은 자주색 또는 보라색이며, 독특한 향기가 있어요.
남아메리카가 원산지로 꽃에서 진한 초콜릿 향기가 나서
오래전부터 향수의 원료로 이용되었다고 해요.
품종에 따라 다르지만 30~50센티미터까지 자라요.

아르테미스, 깜깜한 밤에 환한 빛을 그리며 달맞이꽃

아름다운 것을 좋아하는 님프들이 모여 살고 있었어요. 님프들은 모두 별을 좋아했는데 한 님프만이 별이 아닌 달의 아름다움에 푹 빠져 있었어요. 다른 님프들이 별을 보며 아름다움을 말할 때 그 님프는 달의 아름다움을 이야기했고, 달이 뜨지 않는 밤이면 하늘을 보며 달을 그리워했어요. 별은 총총히 뜨고 달은 뜨지 않은 어느 날 밤이었어요.

"저 하늘에 날마다 달만 뜨면 얼마나 좋을까?"

그 님프가 달이 없는 하늘을 보며 무심코 내뱉은 말을 들은 다른 님프들이 제우스에게 일러바쳤어요. 제우스는 감히 님프가 하늘의 일을 간섭하려 한다며 괘씸하게 생각해서, 그 님프를 달도 별도 뜨지 않는 호숫가로 보내 버렸답니다.

달의 신 아르테미스가 자신을 사랑하던 님프가 제우스에게 벌을 받고 쫓겨났다는 이야기를 들었어요. 날마다 자신을 그리던 모습을 가엾게 여기고 있었는데 그런 벌까지 받자 아르테미스는 그 님프를 구해야겠다고 마음먹었어요. 하지만 제우스는 아르테미스의 걸음을 곳곳에서 방해했어요. 그사이 님프는 그리움에 지쳐 병들어 죽고 말았지요. 님프가 죽고 난 뒤에야 아르테미스는 그녀의 시신을 거두어 줄 수 있었어요. 님프를 내쫓은 제우스도 미안한 마음이 들어 그녀를 한 송이 꽃으로 만들어 주었어요. 그녀는 달을 바라보면서 환한 얼굴을 드러내는 달맞이꽃이 되었답니다.

바늘꽃과에 속하는 달맞이꽃은 무더운 7월에 피는 여름 꽃이에요.
물가나 길가에서 피는 달맞이꽃은 줄기 끝에서 꽃잎이 피어나요.
남아메리카가 원산지이고, 50~90센티미터 정도까지 자라요.
깜깜한 밤, 환하게 떠오르는 보름달처럼 노란 꽃을 피운답니다.

아폴론, 당신의 사랑은 받아 줄 수 없어요 월계수

어느 날, 아폴론은 에로스가 작은 사랑의 화살을 가지고 있는 모습을 보았어요. 궁술의 신이기도 한 아폴론은 에로스의 작은 화살을 보고는 우스워서 에로스를 무시하는 말을 던졌어요. 그 말을 들은 에로스는 기분이 상해 아폴론에게 본때를 보여 줘야겠다고 마음먹었어요. 다프네는 강의 신 페네이오스의 딸로 아름답기로 소문났지만, 산과 들을 뛰어다니며 사냥하는 것만 좋아했지요. 에로스는 자유분방한 다프네를 보고 아폴론에게 복수할 기회가 왔다고 생각했어요. 에로스는 아폴론이 다프네가 사는 마을을 지날 때를 기다리다가 그에게 사랑의 황금 화살을 쏘았어요. 그러고는 곧바로 다프네에게 다가가 그녀에게는 미움의 납 화살을 쏘았어요. 사랑의 화살을 맞은 아폴론은 다프네를 보자마자 뜨거운 사랑에 빠져 버렸어요. 하지만 납 화살을 맞은 다프네의 마음은 싸늘하게 식어 아폴론을 미워했어요.

아폴론은 다프네의 마음을 얻기 위해 쫓아갔지만 다프네는 있는 힘껏 도망을 갔지요. 하지만 금세 아폴론의 손이 다프네에게 닿을 만큼 둘 사이가 좁혀졌어요. 다프네는 아버지에게 자신의 모습을 바꾸어 달라고 간절하게 빌었어요. 그러자 그녀의 몸이 뻣뻣하게 굳더니 손끝에서 잎이 나오면서 나무로 변했어요. 월계수로 변한 다프네를 보며 한동안 크게 슬퍼하던 아폴론은 월계수를 성스러운 나무로 삼기로 했어요. 그래서 왕관 대신 월계수 잎으로 만든 화환을 쓰고 다녔고, 전쟁에서 승리하고 돌아온 장군들에게도 월계관을 씌워 주었답니다.

녹나뭇과에 속하는 월계수는 지중해 연안이 원산지예요.
15미터 정도 자라며 가지와 잎이 무성하지요.
4~5월에 꽃이 피고, 초록색 열매를 맺어요.
고대 올림픽에서는 승자에게 월계수 잎이 달린 가지로
관을 만들어 씌워 주어 명예의 표지로 삼았지요.

하데스, 지하 세계도 두렵지 않아요 박하

지하 세계를 다스리는 하데스는 깜깜한 땅 아래 있는 것을 좋아했어요.
그래서 항상 해가 지고 칠흑 같은 어둠이 깔린 밤에 땅으로 올라와 산책을 즐겼어요.
어느 날, 하데스는 오랜만에 땅 위로 올라왔어요. 일부러 어두운 밤에 올라왔건만
어디선가 밝은 빛이 비쳤어요. 하데스는 언짢은 기분으로 빛이 나는 곳으로 가 보았지요.

그곳에서는 한 님프가 반딧불을 모아 밝은 빛을 만들고 있었어요. 하데스는 반딧불 앞에서
환하게 빛나는 멘테를 보고 한눈에 반했어요. 하지만 멘테는 긴 머리카락으로 얼굴을 가린
하데스의 어두운 모습을 보고 깜짝 놀라 한 발짝 물러났어요.
하지만 멘테는 성격이 워낙 밝고 쾌활해서 곧 하데스와 이런저런 이야기를 나누었어요.
멘테는 무서운 외모와는 달리 자신을 편하게 해 주는 하데스에게 점점 마음을 주게 되었어요.

하데스는 멘테를 보기 위해 종종 땅 위로 올라왔지요. 둘은 만나면 만날수록 서로에게
빠져들었어요. 그런데 이 사실을 알게 된 하데스의 아내, 페르세포네는
몹시 화가 나서 멘테를 볼품없는 풀로 만들어 버렸어요.
멘테는 비록 길가에서 자라는 잡초가 되어 버렸지만 아름다운 향기를 피워 냈어요.
그 풀이 바로 박하(민트)랍니다.

박하는 꿀풀과에 속하는 여러해살이풀로
습기가 있는 들에서 자라요.
50센티미터 정도까지 자라며 7~9월에
옅은 보라색의 꽃이 피어요. 향이 좋아
치약, 향료, 음료수 등의 원료로 널리 쓰여요.

헤라클레스, 나의 마음을 빼앗아 간 영웅 수련

그리스의 위대한 영웅인 헤라클레스의 원래 이름은 헤라클레스가 아니었어요. 헤라클레스는 자신의 아들을 죽인 죄로 열두 가지 과업을 해내야 했지요. 모두 헤라 여신을 위한 것으로, 그때부터 '헤라의 영광'이라는 뜻인 헤라클레스라는 이름을 쓰게 되었어요. 사실 헤라클레스가 그러한 시련을 받게 된 것은 모두 헤라의 미움을 받았기 때문이었지요. 제우스의 아들인 헤라클레스는 막강한 힘과 재치를 가진 영웅이며, 남성다움의 상징으로 뭇 여성에게 많은 사랑을 받았어요. 한 님프는 그를 너무나도 열렬히 사랑해서 날마다 헤라클레스의 용맹스러움과 남자다움을 칭송했어요.
그렇지만 헤라클레스는 그 님프의 마음을 받아 주지 않았어요.
그 당시 헤라클레스는 힐라스라는 아름다운 부하에게 마음을 두고 있었기 때문이었지요.

헤라클레스가 자신을 봐 주지 않자 슬픔에 빠진 님프는 시름시름 앓게 되었어요.
모험과 도전으로 바쁘게 살아가는 헤라클레스와 달리 헤라클레스만을 바라보던 님프는 헤라클레스를 한없이 그리워하다가 그만 숨을 거두었어요.
그런 그녀를 가엾게 여긴 신들이 그녀를 한 송이 꽃으로 만들어 주었어요.
그 꽃이 바로 수련이에요. 그래서 그리스에서는 수련을 헤라클레이오스라고 부른답니다.

수련과에 속하는 여러해살이 물풀이에요.
물에서 자라는 수련은 6~7월에 꽃이 피고, 밤이면 꽃잎을 접어요. 이렇게 3일 동안 피었다 접었다를 반복하다가 시든 모습을 물속으로 감추어요.
열매도 물속에 있는 꽃받침에 감추고 있답니다.
물 위에 뜬 잎과 꽃이 핀 모습이 매우 아름답기 때문에 사람들에게 무척 사랑을 받아요.

제피로스, 덧없는 사랑에 괴로워하다 바람꽃

바람의 신 제피로스와 꽃의 신 플로라는 서로 사랑하는 사이였어요.
들판에 핀 꽃을 산들바람으로 살랑살랑 흔들며 제피로스와 플로라는 자주 만났지요.
한편 플로라에게는 아네모네라는 귀여운 시녀가 있었어요.
누구나 그녀의 사랑스러움에 반했답니다. 플로라도 아네모네를 귀여워해서
어디를 가든지 항상 데리고 다녔어요. 제피로스는 플로라와 만나면서 자연스럽게
아네모네와도 가까워졌어요. 그런데 제피로스는 그녀의 귀여운 모습에 점점 반해
플로라의 시녀라는 것도 잊고 아네모네와 사랑에 빠졌지요.

이 사실을 안 플로라는 둘을 떼어 놓기 위해 아네모네를 아주 먼 곳으로 보냈어요.
그리고 제피로스에게도 두 번 다시 아네모네를 만나지 말라고 으름장을 놓았지요.
하지만 제피로스는 그리움을 참지 못하고 아네모네를 찾아갔어요.
그 둘을 더 이상 떼어 놓을 수 없다고 생각한 플로라는 아네모네를 꽃으로 만들어 버렸어요.
아네모네는 제피로스를 그리워하며 바람결에 살랑이는 바람꽃이 되었어요.
그래서 바람꽃의 *학명이 아네모네랍니다.

바람꽃은 미나리아재빗과에 속하는 꽃으로
20~40센티미터 정도 자라요.
종에 따라 꽃잎이 있는 것도 있으나 대부분
꽃잎처럼 보이는 하얀 꽃받침이 5~7장 정도 있어요.
우리나라에서는 7~8월에 피는 여름 꽃이에요.

*학명 : 학술적 편의를 위하여 동식물 따위에 붙이는 이름.

QUIZ 퀴즈 퀴즈!

1 클리티아는 사랑을 이루지 못하고 헬리오트로프라는 꽃이 되었어요.
클리티아가 사랑한 신의 이름은 무엇인가요?

2 달의 신 아르테미스를 사랑한 님프는 어떤 꽃이 되었나요?

3 다프네가 마음이 싸늘하게 식어 아폴론의 마음을
받아 주지 않은 까닭은 무엇인가요?

4 멘테를 풀로 만들어 버린 하데스의 아내 이름은 무엇인가요?

5 그리스에서 수련을 헤라클레이오스라고 하는 까닭은 무엇인가요?

6 제피로스가 사랑한 시녀의 이름이자, 바람꽃의 학명은 무엇인가요?

정답 **1** 헬리오스 **2** 달맞이꽃
3 에로스의 납 화살을 맞았기 때문에 **4** 페르세포네
5 헤라클레스를 사랑하던 님프가 수련이 되었기 때문에
6 아네모네

3

신들의 이야기가 담긴 꽃

가슴이 절절한 사랑 이야기 말고도 신화 속에는 꽃과 관련한 이야기가 많아요. 다양한 모습만큼이나 재미난 이야기를 담고 있는 꽃에는 어떤 것들이 있는지 알아보아요.

나르키소스, 당신은 당신밖에 몰라요 수선화

나르키소스라는 아주 아름다운 청년이 있었어요. 그 청년은 어려서부터 매우 아름다웠기 때문에 주위 사람들에게 언제나 많은 관심과 사랑을 받았지요. 하지만 그는 사랑을 받기만 하고 아무도 사랑하지 않았어요. 다른 어떤 이를 보고도 아름답다고 느끼지 못했기 때문이에요. 결국 나르키소스는 님프들의 원망을 사서 그만 자신을 사랑하게 되는 벌을 받게 되었어요. 우연히 들른 연못에 비친 자신의 모습을 사랑하게 된 거지요.

물에 비친 아름다운 모습에 반한 나르키소스는 그녀가 누구인지 궁금해하며 자신의 사랑을 고백했어요. 하지만 물에 비친 아름다운 모습은 바로 자기 자신이었으므로 당연히 아무런 대답도 들을 수가 없었지요. 나르키소스는 물에 자신의 모습을 비춰야만 그녀를 볼 수 있었기 때문에, 아무 데도 가지 못하고 하염없이 연못만을 바라보았어요. 그녀의 얼굴을 만질 수도, 입을 맞출 수도 없었기에 사랑의 열병은 점점 깊어만 갔어요. 그 누구도 사랑하지 않았던 나르키소스는 결국 자신의 모습을 사랑하다가 숨을 거두었어요. 그가 죽고 난 뒤, 연못가 어디에서도 그의 흔적을 찾을 수가 없었어요. 다만 나르키소스가 있던 자리에 수선화 한 송이가 오롯이 피어 있었답니다.

수선화과에 속하는 수선화는 지중해 연안이 원산지로 유럽, 북아프리카, 아시아에 걸쳐 널리 퍼져 자라요. 길이는 20~40센티미터 정도 되고 비늘줄기 끝에서 꽃이 피어요. 200여 가지의 품종이 있고 꽃이 필 때 그윽한 향기가 나요. 겨울철에서 5월까지 핀답니다.

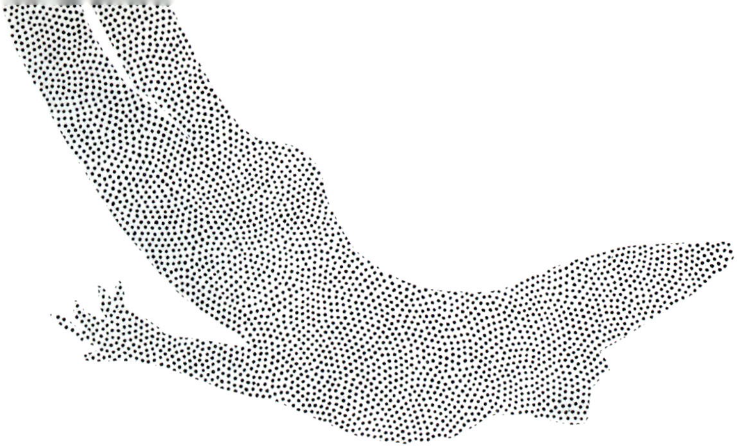

헤라, 여신의 게으름 디기탈리스

제우스는 인간들이 정성껏 신전에 바친 제물을 살피고 검사하는 일을 했어요.
제우스는 헤라에게 일을 도우라고 말했지만,
헤라는 그 말을 들은 체도 하지 않고 주사위 놀이를 했어요.
올림포스 최고의 여신인 헤라는 제우스도 마음대로 휘두르는 힘을 가지고 있었어요.
그래서 제우스가 하는 말도 자신이 내키지 않으면 좀처럼 듣지 않았지요.

헤라는 그날도 어김없이 네모난 주사위를 데구루루 굴리며 놀고 있었어요. 그런데 주사위를 올림포스 산 아래로 그만 떨어뜨리고 말았어요. 그 작은 주사위를 어떻게 찾을 수 있을까 고민하던 헤라는 제우스에게 가서 자신의 주사위를 찾아 달라고 말했어요. 그렇지만 제우스는 일은 돕지 않고 놀기만 하던 헤라를 골려 주려고 딱 잘라서 찾아 줄 수 없다고 했답니다. 결국 헤라는 시녀를 시켜서 주사위를 찾게 했어요. 제우스는 시녀가 주사위를 찾을 수 없도록 주사위를 꽃으로 만들어 버렸어요. 그 꽃이 바로 디기탈리스랍니다. 자기주장만 내세우며 서로 양보하지 않는 부부 때문에 애꿎은 시녀만 하염없이 주사위를 찾아 헤맸지요.

디기탈리스는 현삼과에 속하는
여러해살이풀이에요.
주로 유럽에 퍼져 사는데
약 1미터 정도 자라며
종처럼 생긴 통꽃이 피어요.
꽃 모양 때문에 요정의 골무,
여우장갑꽃 등으로 불러요.
잎은 약으로도 쓴답니다.

아프로디테, 그대의 아름다움을 비할 데가 있을까요? 장미

태초에 하늘의 신 우라노스의 씨앗을 품은 바다에서 거품이 일었어요.
그리고 그 속에서 아름다움의 여신 아프로디테가 태어났어요.
그녀의 이름은 그리스 어로 거품을 뜻하는 '아프로스'에서 비롯되었답니다.
여신의 탄생을 축하하기 위해 많은 신이 그녀에게 온갖 선물을 주었어요.
계절의 여신은 그녀의 백옥 같은 피부에 어울리는 고운 비단옷을 선물했지요.
대지의 신은 그녀만큼이나 아름다운 꽃을 선물하려고 했어요.
그런데 아프로디테의 아름다움에 견줄 만한 꽃이 하나도 없었어요.
그래서 대지의 신은 아프로디테만을 위한 꽃을 만들었어요. 그것이 바로 장미랍니다.
대지의 신은 하얀 장미를 선물했는데, 디오니소스는 여기에 자신이 정성껏 만든
포도주를 부어 붉은색과 매력적인 향기가 나는 꽃으로 만들었어요.
이렇게 만들어진 장미를 받아 든 아프로디테는 너무나 기뻐서 항상 장미를 들고 다녔어요.
그런데 왜 장미에 가시가 생겼냐고요? 아프로디테의 사랑하는 아들 에로스가
장미의 향기를 맡고 있었는데 꽃 속에 숨어 있던 벌이 얼굴을 쏘았어요.
화가 난 아프로디테는 벌의 침을 빼서 장미 줄기에 박아 버렸어요.
그래서 장미 줄기에 벌의 침처럼 뾰족한 가시가 생겼답니다.

장미과에 속하는 장미는 여러해살이 덩굴 식물이에요. 색이 화려하고 향기가 짙어 꽃의 여왕이라고 해요. 흰색, 붉은색, 노란색 등 품종이 100여 종이나 되지요. 보통 60센티미터 정도 자라고 5월에 가장 아름답게 꽃이 피어요.

님프, 내 억울함을 알아주세요

봉선화

올림포스 신전은 연회 준비로 시끌벅적했어요.
제우스는 이번 잔치에 참석하는 신들에게 줄 황금 사과를 준비하라고 했지요.
황금 사과는 먹기 아까울 만큼 아름다울 뿐만 아니라 먹으면
영원한 아름다움을 얻을 수 있었답니다. 잔치 준비는 모두 끝났는데
황금 사과가 놓이지 않은 빈 접시가 하나 있었어요. 그 귀한 황금 사과 한 개가
없어지고 만 것이에요. 제우스는 감히 누가 황금 사과에 손을 댔느냐며
불같이 화를 냈어요. 사실은 모두 바쁜 틈을 타서 장난을 좋아하는 신이
몰래 사과를 하나 감추었던 것이에요. 하지만 제우스가 화내는 모습을 보니
차마 자신이 감춘 사과를 다시 내놓을 수가 없었어요.
그래서 결국 잔치를 준비하던 님프가 의심을 받게 되었어요.
죄가 없는 님프는 너무나 억울해서 어떻게 해서든지 누명을 벗으려고 했어요.
하지만 자신의 결백을 증명하지 못하고 올림포스에서 쫓겨났어요.

올림포스에서 쫓겨난 님프는 억울하고 분한 마음을 풀지 못하고,
끝내 죽음을 맞이했어요. 님프가 숨진 자리에서 붉은 꽃이 피어났답니다.
그 꽃이 바로 봉선화예요. 봉선화는 씨앗이 들어 있는
볼록한 주머니를 살짝 건드리기만 해도 주머니를 홀딱 뒤집으며
씨앗을 후두둑 떨어뜨려요. 마치 자신의 속을 뒤집어 보여 주며
억울함을 외치는 것처럼 말이에요.

봉숭아라고도 하는 봉선화는 봉선화과에
속하는 한해살이풀이에요. 우리나라뿐
아니라 아시아에서 흔히 볼 수 있지요.
습하고 양지바른 곳에서 잘 자라고,
키는 60센티미터 정도 되어요. 7~8월
사이에 여러 가지 빛깔의 꽃이 피어요.

그리스 로마 신화 올림포스 가디언 66

신화, 꽃을 피우다

글 이효진 **그림** 이희은

펴낸이 양원석
펴낸곳 (주)알에이치코리아
등록 2004년 1월 15일 제2-3726호
주소 서울특별시 금천구 가산디지털2로 53, 20층 (한라시그마밸리)
문의전화 02)6443-8800

ISBN 978-89-255-4351-2(74800)
ISBN 978-89-255-4354-3(세트)

값 **12,800원**

명화 구입처 유로크레온㈜

※잘못된 책은 구입하신 곳에서 바꾸어 드립니다.
※책 모서리가 날카로워 다칠 수 있으니 사람을 향해 던지거나 떨어뜨리지 마십시오.

알에이치코리아 홈페이지와 카페, SNS로 들어오시면 자사 도서에 대한 더 많은 정보와 다양한 이벤트 혜택을 확인할 수 있으며, E-book몰에서는 전자북으로도 만나볼 수 있습니다.

주니어RHK 홈페이지 http://jrrhk.com | **E-book몰(RHK북스)** http://ebook.rhk.co.kr | **북카페** http://cafe.naver.com/randomhousekorea
페이스북 https://www.facebook.com/rhk.co.kr | **트위터** @randomhouse_kr | **유튜브** http://www.youtube.com/randomhousekorea